書名：奇門心法秘纂
系列：心一堂術數古籍珍本叢刊　三式類　奇門遁甲系列
作者：舊題【漢】韓信　纂
主編、責任編輯：陳劍聰
心一堂術數古籍珍本叢刊編校小組：陳劍聰　素聞　梁松盛　鄒偉才　虛白盧主

出版：心一堂有限公司
通訊地址：香港九龍旺角彌敦道六一〇號荷李活商業中心十八樓〇五—〇六室
深港讀者服務中心：中國深圳市羅湖區立新路六號羅湖商業大厦負一層〇〇八室
電話號碼：(852)67150840
網址：publish.sunyata.cc
電郵：sunyatabook@gmail.com
網店：http://book.sunyata.cc
淘寶店地址：https://shop210782774.taobao.com
微店地址：https://weidian.com/s/1212826297
臉書：https://www.facebook.com/sunyatabook
讀者論壇：http://bbs.sunyata.cc/

版次：二零一四年三月初版
平裝

定價：港幣　一百九十八元正
　　　人民幣　一百九十八元正
　　　新台幣　七百八十元正

國際書號：ISBN 978-988-8266-27-2

香港發行：香港聯合書刊物流有限公司
地址：香港新界大埔汀麗路36號中華商務印刷大廈3樓
電話號碼：(852)2150-2100
傳真號碼：(852)2407-3062
電郵：info@suplogistics.com.hk

台灣發行：秀威資訊科技股份有限公司
地址：台灣台北市內湖區瑞光路七十六巷六十五號一樓
電話號碼：+886-2-2796-3638
傳真號碼：+886-2-2796-1377
網絡書店：www.bodbooks.com.tw
台灣國家書店讀者服務中心：
地址：台灣台北市中山區松江路二〇九號一樓
電話號碼：+886-2-2518-0207
傳真號碼：+886-2-2518-0778
網絡書店：http://www.govbooks.com.tw

中國大陸發行　零售：深圳心一堂文化傳播有限公司
深圳地址：深圳市羅湖區立新路六號羅湖商業大厦負一層〇〇八室
電話號碼：(86)0755-82224934

心一堂微店二維碼

心一堂淘寶店二維碼

心一堂術數古籍 珍本 整理 叢刊 總序

術數定義

術數，大概可謂以「推算（推演）、預測人（個人、群體、國家等）、事、物、自然現象、時間、空間方位等規律及氣數，並或通過種種『方術』，從而達致趨吉避凶或某種特定目的」之知識體系和方法。

術數類別

我國術數的內容類別，歷代不盡相同，例如《漢書・藝文志》中載，漢代術數有六類：天文、曆譜、五行、蓍龜、雜占、形法。至清代《四庫全書》，術數類則有：數學、占候、相宅相墓、占卜、命書、相書、陰陽五行、雜技術等，其他如《後漢書・方術部》、《藝文類聚・方術部》、《太平御覽・方術部》等，對於術數的分類，皆有差異。古代多把天文、曆譜、及部份數學均歸入術數類，而民間流行亦視傳統醫學作為術數的一環；此外，有些術數與宗教中的方術亦往往難以分開。現代學界則常將各種術數歸納為五大類別：命、卜、相、醫、山，通稱「五術」。

本叢刊在《四庫全書》的分類基礎上，將術數分為九大類別：占筮、星命、相術、堪輿、選擇、三式、讖諱、理數（陰陽五行）、雜術（其他）。而未收天文、曆譜、算術、宗教方術、醫學。

術數思想與發展——從術到學，乃至合道

我國術數是由上古的占星、卜筮、形法等術發展下來的。其中卜筮之術，是歷經夏商周三代而通過

「龜卜、蓍筮」得出卜（筮）辭的一種預測（吉凶成敗）術，之後歸納並結集成書，此即現傳之《易經》。經過春秋戰國至秦漢之際，受到當時諸子百家的影響、儒家的推崇，遂有《易傳》等的出現，原本是卜筮術書的《易經》，被提升及解讀成有包涵「天地之道（理）」之學。因此，《易・繫辭傳》曰：「易與天地準，故能彌綸天地之道。」

漢代以後，易學中的陰陽學說，與五行、九宮、干支、氣運、災變、律曆、卦氣、讖緯、天人感應說等相結合，形成易學中象數系統。而其他原與《易經》本來沒有關係的術數，如占星、形法、選擇，亦漸漸以易理（象數學說）為依歸。《四庫全書・易類小序》云：「術數之興，多在秦漢以後。要其旨，不出乎陰陽五行，生尅制化。實皆《易》之支派，傅以雜說耳。」至此，術數可謂已由「術」發展成「學」。

及至宋代，術數理論與理學中的河圖洛書、太極圖、邵雍先天之學及皇極經世等學說給合，通過術數以演繹理學中「天地中有一太極，萬物中各有一太極」（《朱子語類》）的思想。術數理論不單已發展至十分成熟，而且也從其學理中衍生一些新的方法或理論，如《梅花易數》、《河洛理數》等。

在傳統上，術數功能往往不止於僅僅作為趨吉避凶的方術，及「能彌綸天地之道」的學問，亦有其「修心養性」的功能，「與道合一」（修道）的內涵。《素問・上古天真論》：「上古之人，其知道者，法於陰陽，和於術數。」數之意義，不單是外在的算數、歷數、氣數，而是與理學中同等的「道」、「理」--心性的功能，北宋理氣家邵雍對此多有發揮：「聖人之心，是亦數也」、「萬化萬事生乎心」、「心為太極」。《觀物外篇》：「先天之學，心法也。……蓋天地萬物之理，盡在其中矣，心一而不分，則能應萬物。」反過來說，宋代的術數理論，受到當時理學、佛道及宋易影響，認為心性本質上是等同天地之太極。天地萬物氣數規律，能通過內觀自心而有所感知，即是內心也已具備有術數的推演及預測、感知能力；相傳是邵雍所創之《梅花易數》，便是在這樣的背景下誕生。

《易・文言傳》已有「積善之家，必有餘慶；積不善之家，必有餘殃」之說，至漢代流行的災變說及讖緯說，我國數千年來都認為天災，異常天象（自然現象），皆與一國或一地的施政者失德有關；下至家族、個人之盛衰，也都與一族一人之德行修養有關。因此，我國術數中除了吉凶盛衰理數之外，人心的德行修養，也是趨吉避凶的一個關鍵因素。

術數與宗教、修道

在這種思想之下，我國術數不單只是附屬於巫術或宗教行為的方術，又往往是一種宗教的修煉手段—通過術數，以知陰陽，乃至合陰陽（道）。「其知道者，法於陰陽，和於術數。」例如，「奇門遁甲」術中，即分為「術奇門」與「法奇門」兩大類。「法奇門」中有大量道教中符籙、手印、存想、內煉的內容，是道教內丹外法的一種重要外法修煉體系。甚至在雷法一系的修煉上，亦大量應用了術數內容。此外，相術、堪輿術中也有修煉望氣（氣的形狀、顏色）的方法；堪輿家除了選擇陰陽宅之吉凶外，也有道教中選擇適合修道環境（法、財、侶、地中的地）的方法，以至通過堪輿術觀察天地山川陰陽之氣，亦成為領悟陰陽金丹大道的一途。

易學體系以外的術數與的少數民族的術數

我國術數中，也有不用或不全用易理作為其理論依據的，如揚雄的《太玄》、司馬光的《潛虛》。也有一些占卜法、雜術不屬於《易經》系統，不過對後世影響較少而已。

外來宗教及少數民族中也有不少雖受漢文化影響（如陰陽、五行、二十八宿等學說）但仍自成系統的術數，如古代的西夏、突厥、吐魯番等占卜及星占術，藏族中有多種藏傳佛教占卜術、苯教占卜術、擇吉術、推命術、相術等；北方少數民族有薩滿教占卜術；不少少數民族如水族、白族、布朗族、佤族、彝族、苗族等，皆有占雞（卦）草卜、雞蛋卜等術，納西族的占星術、占卜術，彝族畢摩的推命術、占卜術……等等，都是屬於《易經》體系以外的術數。相對上，外國傳入的術數以及其理論，對我國術數影響更大。

曆法、推步術與外來術數的影響

我國的術數與曆法的關係非常緊密。早期的術數中，很多是利用星宿或星宿組合的位置（如某星在某州或某宮某度）付予某種吉凶意義，并據之以推演，例如歲星（木星）、月將（某月太陽所躔之宮次）等。不過，由於不同的古代曆法推步的誤差及歲差的問題，若干年後，其術數所用之星辰的位置，已與真實星辰的位置不一樣了；此如歲星（木星），早期的曆法及術數以十二年為一周期（以應地支），與木星真實周期十一點八六年，每幾十年便錯一宮。後來術家又設一「太歲」的假想星體來解決，是歲星運行的相反，週期亦剛好是十二年。而術數中的神煞，很多即是根據太歲的位置而定。又如六壬術中的「月將」，原是立春節氣後太陽躔娵訾之次而稱作「登明亥將」，至宋代，因歲差的關係，要到雨水節氣後太陽才躔娵訾之次，當時沈括提出了修正，但明清時六壬術中「月將」仍然沿用宋代沈括修正的起法沒有再修正。

由於以真實星象周期的推步術是非常繁複，而且古代星象推步術本身亦有不少誤差，大多數術數除依曆書保留了太陽（節氣）、太陰（月相）的簡單宮次計算外，漸漸形成根據干支、日月等的各自起例，以起出其他具有不同含義的眾多假想星象及神煞系統。唐宋以後，我國絕大部份術數都主要沿用這一系統，也出現了不少完全脫離真實星象的術數，如《子平術》、《紫微斗數》、《鐵版神數》等。後來就連一些利用真實星辰位置的術數，如《七政四餘術》及選擇法中的《天星選擇》，也已與假想星象及神煞混合而使用了。

隨着古代外國曆（推步）、術數的傳入，如唐代傳入的印度曆法及術數，元代傳入的回回曆等，其中我國占星術便吸收了印度占星術中羅睺星、計都星等而形成四餘星，又通過阿拉伯占星術而吸收了其中來自希臘、巴比倫占星術的黃道十二宮、四元素學說（地、水、火、風），並與我國傳統的二十八宿、五行說、神煞系統並存而形成《七政四餘術》。此外，一些術數中的北斗星名，不用我國傳統的星名：天樞、天璇、天璣、天權、玉衡、開陽、搖光，而是使用來自印度梵文所譯的：貪狼、巨門、祿存、文曲，廉貞、武曲、破軍等，此明顯是受到唐代從印度傳入的曆法及占星術所影響。如星命術的《紫微斗數》及堪輿術的《撼龍經》等文獻中，其星皆用印度譯名。及至清初《時憲曆》，置閏之法則改用西法「定氣」。清代以後的術數，又作過不少的調整。

陰陽學──術數在古代、官方管理及外國的影響

術數在古代社會中一直扮演着一個非常重要的角色，影響層面不單只是某一階層、某一職業、某一年齡的人，而是上自帝王，下至普通百姓，從出生到死亡，不論是生活上的小事如洗髮、出行等，大事如建房、入伙、出兵等，從個人、家族以至國家，從天文、氣象、地理到人事、軍事，從民俗、學術到宗教，都離不開術數的應用。我國最晚在唐代開始，已把以上術數之學，稱作陰陽（學），行術數者稱陰陽人。（敦煌文書、斯四三二七唐《師師漫語話》：「以下說陰陽人謾語話」，此說法後來傳入日本，今日本人稱行術數者為「陰陽師」）。一直到了清末，欽天監中負責陰陽術數的官員中，以及民間術數之士，仍名陰陽生。

古代政府的中欽天監（司天監），除了負責天文、曆法、輿地之外，亦精通其他如星占、選擇、堪輿等術數，除在皇室人員及朝庭中應用外，也定期頒行日書、修定術數，使民間對於天文、日曆用事吉

凶及使用其他術數時，有所依從。

中國古代政府對官方及民間陰陽學及陰陽官員，從其內容、人員的選拔、培訓、認證、考核、律法監管等，都有制度。至明清兩代，其制度更為完善、嚴格。

宋代官學之中，課程中已有陰陽學及其考試的內容。（宋徽宗崇寧三年〔一一零四年〕崇寧算學令：「諸學生習……並曆算、三式、天文書。」，「諸試……三式即射覆及預占三日陰陽風雨。天文即預定一月或一季分野災祥，並以依經備草合問為通。」

金代司天臺，從民間「草澤人」（即民間習術數之士）考試選拔：「其試之制，以《宣明曆》試推步，及《婚書》、《地理新書》試合婚、安葬，並《易》筮法，六壬課、三命、五星之術。」（《金史》卷五十一．志第三十二．選舉一）

元代為進一步加強官方陰陽學對民間的影響、管理、控制及培育，除沿襲宋代、金代在司天監掌管陰陽學及中央的官學陰陽學課程之外，更在地方上增設陰陽學之課程（《元史．選舉志一》：「世祖至元二十八年夏六月始置諸路陰陽學。」）地方上也設陰陽學教授員，培育及管轄地方陰陽人。（《元史．選舉志一》：「（元仁宗）延祐初，令陰陽人依儒醫例，於路、府、州設教授員，凡陰陽人皆管轄之，而上屬於太史焉。」）自此，民間的陰陽術士（陰陽人），被納入官方的管轄之下。

至明清兩代，陰陽學制度更為完善。中央欽天監掌管陰陽學，明代地方縣設陰陽學正術，各州設陰陽學典術，各縣設陰陽學訓術。陰陽人從地方陰陽學肆業或被選拔出來後，再送到欽天監考試。（《大明會典》卷二二三：「凡天下府州縣舉到陰陽人堪任正術等官者，俱從吏部送（欽天監），考中，送回選用；不中者發回原籍為民，原保官吏治罪。」）清代大致沿用明制，凡陰陽術數之流，悉歸中央欽天監及地方陰陽官員管理、培訓、認證。至今尚有「紹興府陰陽印」、「東光縣陰陽學記」等明代銅印，及某某縣某某之清代陰陽執照等傳世。

清代欽天監漏刻科對官員要求甚為嚴格。《大清會典》「國子監」規定：「凡算學之教，設肄業生。滿洲十有二人，蒙古、漢軍各六人，於各旗官學內考取。漢十有二人，於舉人、貢監生童內考取。附學生二十四人，由欽天監選送。教以天文演算法諸書，五年學業有成，舉人引見以欽天監博士用，貢監生童以天文生補用。」學生在官學肄業、貢監生肄業或考得舉人後，經過了五年對天文、算法、陰陽學的學習，其中精通陰陽術數者，會送往漏刻科。而在欽天監供職的官員，《大清會典則例》「欽天監」規定：「本監官生三年考核一次，術業精通者，保題升用。不及者，停其升轉，再加學習。如能黽勉供職，即予開複。仍不及者，降職一等，再令學習三年，能習熟者，准予開複，仍不能者，黜退。」除定期考核以定其升用降職外，《大清律例》中對陰陽術士不準確的推斷（妄言禍福）是要治罪的。《大清律例・一七八・術七・妄言禍福》：「凡陰陽術士不許於大小文武官員之家妄言禍福，違者杖一百。其依經推算星命卜課，不在禁限。」大小文武官員延請的陰陽術士，自然是以欽天監漏刻科官員或地方陰陽官員為主。

官方陰陽學制度也影響鄰國如朝鮮、日本、越南等地，一直到了民國時期，鄰國仍然沿用着我國的多種術數。而我國的漢族術數，在古代甚至影響遍及西夏、突厥、吐蕃、阿拉伯、印度、東南亞諸國。

術數研究

術數在我國古代社會雖然影響深遠，「是傳統中國理念中的一門科學，從傳統的陰陽、五行、九宮、八卦、河圖、洛書等觀念作大自然的研究。……傳統中國的天文學、數學、煉丹術等，要到上世紀中葉始受世界學者肯定。可是，術數還未受到應得的注意。術數在傳統中國科技史、思想史，文化史、社會史，甚至軍事史都有一定的影響。……更進一步了解術數，我們將更能了解中國歷史的全貌。」（何丙郁《術數、天文與醫學中國科技史的新視野》，香港城市大學中國文化中心。）

可是術數至今一直不受正統學界所重視，加上術家藏秘自珍，又揚言天機不可洩漏，「（術數）乃吾國科學與哲學融貫而成一種學說，數千年來傳衍嬗變，或隱或現，全賴一二有心人為之繼續維繫，賴以不絕，其中確有學術上研究之價值，非徒癡人說夢，荒誕不經之謂也。其所以至今不能在科學中成立一種地位者，實有數困。蓋古代士大夫階級目醫卜星相為九流之學，多恥道之；而發明諸大師又故為惝恍迷離之辭，以待後人探索；間有一二賢者有所發明，亦秘莫如深，既恐洩天地之秘，復恐譏為旁門左道，始終不肯公開研究，成立一有系統說明之書籍，貽之後世。故居今日而欲研究此種學術，實一極困難之事。」（民國徐樂吾《子平真詮評註》，方重審序）

現存的術數古籍，除極少數是唐、宋、元的版本外，絕大多數是明、清兩代的版本。其內容也主要是明、清兩代流行的術數，唐宋以前的術數及其書籍，大部份均已失傳，只能從史料記載、出土文獻、敦煌遺書中稍窺一鱗半爪。

術數版本

坊間術數古籍版本，大多是晚清書坊之翻刻本及民國書賈之重排本，其中豕亥魚魯，或而任意增刪，往往文意全非，以至不能卒讀。現今不論是術數愛好者，還是民俗、史學、社會、文化、版本等學術研究者，要想得一常見術數書籍的善本、原版，已經非常困難，更遑論稿本、鈔本、孤本。在文獻不足及缺乏善本的情況下，要想對術數的源流、理法、及其影響，作全面深入的研究，幾不可能。

有見及此，本叢刊編校小組經多年努力及多方協助，在中國、韓國、日本等地區搜羅了一九四九年以前漢文為主的術數類善本、珍本、鈔本、孤本、稿本、批校本等數百種，精選出其中最佳版本，分別輯入兩個系列：

一、心一堂術數古籍珍本叢刊

二、心一堂術數古籍整理叢刊

前者以最新數碼技術清理、修復珍本原本的版面，更正明顯的錯訛，部份善本更以原色精印，務求更勝原本，以饗讀者。後者延請、稿約有關專家、學者，以善本、珍本等作底本，參以其他版本，進行審定、校勘、注釋，務求打造一最善版本，供現代人閱讀、理解、研究等之用。不過，限於編校小組的水平，版本選擇及考證、文字修正、提要內容等方面，恐有疏漏及舛誤之處，懇請方家不吝指正。

心一堂術數古籍 珍本／整理 叢刊編校小組

二零一三年九月修訂

秘藏遁甲天機総目

首函

一冊

奇門心法秘纂上　淮陰侯纂

二冊

奇門心法秘纂下　淮陰侯纂

是篇發明奧旨詳辯舛訛裝盤佈局超接置閏色色細陳成入門之階梯

天字宮
及字

奇門秘訣歌　淮陰侯撰

陰陽玄奧最難窮一千八十失來踪符使變化無窮極統領
奇儀歷九宮地道安然星宮定六十時中節局移天道無休
常運轉符使之宮順逆飛陽遁符一飛二黑陰遁符九逆艮
馳如此九星飛九宮九星順逆不相同此時陽星為直符蓬芮
衝輔止天英此時陰星為直符英任柱心至天蓬芮衝輔禽順
禽英任柱心俱逆行年月日時循環轉九星更換逐宮移反伏
二吟符使位亦有他宮反伏推十時飛遍還元位星同年月
易天干八門專主飛何處陰順陽逆九宮飛若遇開門為值使休生

傷杜景死驚值使十時歸本位有時超五理當知符禽居中諸原
位斯時用法奪天機符使入中分順逆七將飛宮開閉虛天上
符中陽加坎天上符中陰在離凶門惡宿逢生旺奇儀得令各施
為吉隱藏凶〻有吉主客之時用最奇主得門星奇儀旺營謀戰
訟凱歌回客逢生旺來傷主利客先施主受尅門宮合卦此時宮
爻中造化論六神君聖臣賢兼子孝妻奴婢妾內外親生旺貴親
諸美慶受制外人惡類推賢能貴賤成離雜父子兄財官鬼詳
國泰年豐歲干見公侯伯宰月干推省府州縣日干耀人民時
干考天真要知天道陰晴雨交節日時局中明要知賢主傳朝

位登基時日局中推要知出師取勝歸安營發馬格遁推要知官
品陞擢職到任時日決何如要知安營倉庫府勝負賢能改造時
要知生涯有利息出入求謀遇吉時要知年胎有興敗太歲局中格
局明要知四季有吉凶立春立夏立秋冬要知胎日有得失二十四
節論交節要知日時有災祥六甲旬中看生傷生合旺相臨期吉
休囚尅制忌中央要知生平興廢事命生時日局中推同生
富貴修短事再察父母得子時十二宮分坐向格二十八宿定方輿
大運九〻審造化吉凶成敗格推詳陽遁符蓬為初九二九天芮
三九衝四九輔星禽五九六九天心七九柱八九天任九九英九〻星終

又換符逢符運管八十一八十二為又如初陽遁逢為星順換陰遁
逢英星逆更符加時干為初運九星順逆換符頭美運中間期
有惡惡運之中美不期許多成敗皆藏格萬事皆包一局知
逐年月日時用事此時干支始用神假如甲子為時始甲子就
為用事神乙丑輪二壬申九十時年月癸酉同六十花甲終癸亥
六十一數起用神重用甲子六十一千年萬載一同明用事之神
何所使諸神各宿室根基貴人螣蛇日上空青龍乃堂又建
除立符天遭並月將以上四將起在時奇门各宿分宮位遁格
玄微莫亂傳

八詐

九天到門宜揚兵九地到門宜立營玄武到宜防奸劫殺太陰到门
宜招降和親白虎到门宜備敵兵衝殺螣蛇到门宜防虛詐驚恐
八詐之內惟九天九地六合太陰為吉餘大凶然我生门不被尅者不
妨被尅者則凶

九星吉凶

天蓬即太乙主十六神如水旱兵馬災害一白水屬坎值此星宜安撫
邊境修葺城池春夏將兵吉秋冬凶加九宮利為客在秋冬月壬子
癸亥日臨戰有黑雲氣從北方來大捷加八宮或二宮在四季月或

辰戌丑未日有黃雲從西南東北來爲主吉此星嫁娶移徙修
造出行商賈皆凶
天任即太陰主天下陰德周賑之事八白土屬艮旺于春值此星
請兵謁將求財嫁娶入官皆吉移徙不利加一宮在四季月或土
日有黃雲東北來爲客大吉加三宮或本日有青雲從東南來
助戰爲主大吉加四宮亦同
天衝即軒轅與文昌三宮同占三碧木屬震旺于春分後值此
星宜出師報仇春夏將兵大勝秋冬無功不宜嫁娶入官商
賈移徙祠祀加八宮利爲客加六宮七宮利爲主雲氣同前類
推可也
天輔即招搖主胡兵四綠木屬巽旺于孟夏值此星宜潛身修道
將兵春夏勝拓地千里宜嫁娶貿易修造春夏大吉加宮主
客吉凶與天衝同
天英即太乙主戰陣九紫火屬離旺于正夏值此星宜出行嫁
娶若行兵移徙商賈俱不利加六七宮利爲客加三四宮利爲主
雲氣同前推
天芮即攝提主甲兵災二黑土屬坤旺于孟秋值此星宜受道嫁
娶移徙修造不宜用兵加一宮利爲客加三四宮利爲主

▲天禽即天符主后宮五黃中央土寄坤旺于四季值此星宜賞封
及群凶將兵四時俱吉百事無忌加宮主客吉凶與天芮同
▲天柱即咸池主建二十四氣七赤金屬兑旺于秋值此星宜屯兵自
守隱藏若用兵士卒敗亡不宜移徙入宮商賈利婚姻加三四宮
利為客加九宮利為主
▲天心即青龍為壽星亦主兵六白金屬乾旺于秋冬值此星
宜治病嫁娶入官行商修造主客吉凶同上

星门主客生剋論

假如主星天蓬尅景门我兵宜自北而攻正南利水陸並進將
須羽音人黑旗甲排水形以攻之必大捷
天英剋驚门我兵宜從正南攻正西利用火攻騎戰將須徵音人
紅旂甲排火陣以攻之勝凡九星八门生剋准此類推之
如主星天蓬被死门所剋敵必自西南而攻正北我攻應大敗須急
選商音白旂甲埋西以洩其氣又將徵音將紅旂甲埋南以挫
其威自統大軍青旂甲依東角列木陣以禦之更遷角音將為
先鋒必捷

臨機變用

人為萬物之靈感通諸事之應在我一時之動靜取其人事物

蓋以推兵家勝負人生得失物之成就于出師發馬動衆安
營立寨或人為諸事得失離合或物品所得之日時為婚遇日
推查詳算利于何日時交鋒得勝何日時賊來何方何日時利
埋兵于何處何日時成功奏凱欲知人事之窮通壽夭○取夲
命年月日時衍演○而財妻子孫預可先知○凡物之破敗暫久○以所
得之時日○或如一見之時日○或取物之長短方圓○按五行之所屬
配合遁時而物器吉凶可預知之矣○
凡一開一見俱可依之推算以定吉凶之兆

遁甲擇日

遁甲擇日出軍征討與造百事者○其中有宝日○義日○制日○伐日也○
宝日為上吉謂其日干生支○ 甲午乙巳丙辰丙戌丁未丁丑
戊申己酉庚子辛亥壬寅癸卯
義日為次吉謂其支生干也○ 甲子乙亥丙寅丁卯戊午己巳
庚辰庚戌辛未辛丑壬申癸酉
制日為凶謂其上制下○干剋支也○ 甲戌甲辰乙未乙丑丙申
丁酉戊子己亥庚寅辛卯壬午癸巳
伐日為凶謂其下伐上○支剋干也○ 甲申乙酉丙子丁亥戊寅
己卯庚午辛丑壬辰壬戌癸未癸丑

釋遁甲利客

○○天蓬星水也加九宮火也利于為客若在秋冬之月戌壬癸子亥日臨戰有黑雲黑氣從北方來助戰大勝天心金天柱金加三宮木四宮木利于為客若在夏季并秋月庚辛申酉日臨陣有白色雲氣從西北來助戰大勝天任土天禽土天芮土加一宮水利于為客吉若在四季戊己辰戌丑未日有黃色雲氣從東北或西南來助戰大勝天輔木天衝木加二宮土利于為客吉若在冬春之月甲乙寅卯日有青色雲氣從東南來助戰大勝

釋遁甲主利

○○天英星火臨一宮水利于為主吉若在秋冬之月壬癸亥子日有黑雲氣從正北方來助戰大吉天任土天禽土天芮土臨三宮木四宮木利于為主吉也在冬春之月甲乙寅卯日有青色雲氣從東南來助戰大勝天輔木天衝木臨六宮金七宮金利于為主吉也在季夏及秋月庚辛申酉日有白色雲氣從西方來助戰大勝天蓬水臨八宮土二宮土利于為主吉也在季月辰戌丑未戊己日有黃色雲氣從東北方或西南方來助戰大勝天柱金天心金加九宮火利于為主吉也在春夏之月丙丁巳午日有赤色雲氣從南方來助戰大吉

超神接氣直指

奇門之法有正授有超神有閏奇有接氣正授之後超神繼之超神之後閏奇繼之閏奇之後接氣繼之接氣之後復為正授符頭甲己正對節氣謂之正授此後則符頭漸〻過節而為超神矣超至九日及十餘日則當置閏以其離後節太遠故必有閏然後可配氣候以歷家閏法同然必在芒種大雪之後二至之前其餘節氣雖過超至九日之外不可置閏也此法乃閏奇之關鍵萬一不悟則毫厘千里矣

甲己符頭先到而節氣未到為超節氣先到而符頭未到為接節氣與符頭同到為之正授

凡二至超過九日或十日或十一日即重布芒種大雪三局為閏奇超過九日為置閏即接以六日超過十日置閏即接以五日超過十十日即接以四日超接循環冬至自歸于正授然置閏必以九日起何也一氣十五日對折乃七日半八日以前得一氣之先不必置八日以後交九日居一氣之末故須置閏然十二三四五日置閏何也二至超過九日即用閏法若夏至超過八日遇冬至不過十日十一日夏至超過六七日遇冬至不過八九日並無十二三四五日之理故諸書所載未詳盡也超法自一日至十一日為超接法自六日至一日

為接超漸增接漸減而二十四氣始歸于一定然置閏必在于
芒種大雪之後何也蓋奇以冬至夏至分順逆故于二至之前均
匀其氣而他節則無也

其法如五月二十六日癸酉交夏至節而符頭甲子却在十七日先
到十日為其太遠當超一局故十七日甲子不作夏至上元而作
芒種上元也二十二日己巳不作夏至中元而作芒種中元也二十
七日甲戌不作夏至下元而作芒種下元此甲戌雖在夏至氣
內亦不作夏至用必須補足芒種之氣至六月初二日戊寅置
閏方止于六月初三日始接夏至遲到之節氣此乃是超十日
接五日也

超神例

假如萬歷己丑年正月初二庚戌日辛巳時用事係冬至後陽遁
順局符頭係己酉管事本月初六日交雨水節上局乃超神也
從九宮起順布六儀戊在離己在坎庚在坤辛在震壬在巽
癸在中逆布三奇乙在艮是為任乙丙在兑是為柱丙丁在乾
是為心丁地盤艮兑乾三宮有奇辛巳時旬首係甲戌迫在坎
宮以天蓬為直符休門為直使辛時干迫在震以天盤天蓬直符
加在地盤震宮順數任在巽是天任星帶艮之乙奇到巽衝在離

輔在坤英在兌芮在乾柱在坎是天柱星帶兌之丙奇到坎心
在艮是天心帶乾之丁奇到艮三奇在地盤者令隨天盤旋轉而在
巽坎艮三方矣辛巳時宮迫在艮以直使休門加地盤之艮順數生
在震傷在巽杜在離景在坤死在兌驚在乾開在坎艮得丁奇
如逢休門謂之休與星合坎得丙奇而逢開門謂之開與月合俱
吉獨巽雖得乙奇而逢傷門未為全吉再以八詐門直符隨九星
直符在震宮順數則騰蛇在巽太陰在離六合在坤勾陳在兌
朱雀在乾九地在坎九天在艮坎艮二宮既合奇門而又逢九地
九天為全吉也天盤丙加地盤甲戌直符為鳥跌穴尤為合格

接氣置閏例

假如萬歷己丑年十一月初六庚戌日戊寅時用事本日符頭是
己酉當用上局查十月二十九癸卯日己交大雪節氣從十月二
十日甲午為大雪超神上局二十五日己亥大雪中局三十日甲辰
大雪下局三局已完今十一月己酉初五日以後似當作冬至上局
不知符已超節九日正當置閏故自初五日己酉至初九日癸丑不作冬
至上局而為大雪閏奇上局初十日甲寅至十四日戊午為大雪閏奇
中局十五己未至十九日癸亥為大雪閏奇下局直到二十日甲子
方作冬至上局然十四日戊午已交冬至節則符在節後五日矣此

所謂接氣也今以初六庚戌日戊寅時為例演之係夏至後未交冬至尚用陰遁逆局從巽四宮起六儀戊在巽己在震庚在坤辛在坎壬在離癸在艮乙奇在中寄坤丙奇在乾丁奇在兌本時戊寅其旬首係甲戌泊在震宮天衝為直符傷門為直使時干戊泊在泊在巽以天衝直符加巽輔在離英在坤芮在兌是天芮星帶中宮之乙奇到兌柱在乾是天柱星帶兌之丁奇到乾心在坎是天心星帶乾之丙奇到坎蓬在艮任在震時宮戊寅泊在艮宮以直使傷門加艮杜在震景在巽死在離驚在坤開在兌休在乾生在坎乙奇到兌逢開門是謂開與日合丁奇到乾逢休門是謂休與星合丙奇到坎逢生門是謂生與月合俱吉然生門屬土臨坎宮乃門制其宮謂之迫此謂盡善也又以八詐門之直符隨九星直符在巽逆行螣蛇在震太陰在艮六合在坎勾陳在乾朱雀在兌九地在坤九天在離則坎宮有奇門又逢六合正北方大吉餘做此

用奇門法為超接氣最難說今立假如二局為例　湖海居士述

天盤九星

蓬△任△衝△輔△英△禽△芮△柱△心△此九星者○隨時干直符所指而轉移也○

人盤八門

休生傷杜景死驚開此八門都隨時宮直使所指而轉移也天人二盤

即地盤所列之星門但地盤靜而有常天盤動而無端也

八詐門

此八詐直符加九星直符一同旋轉冬至後順行夏至後逆行亦

隨推遷無定也

釋天遁

天遁者生門與六丙月奇合臨于六丁之上爲天遁此時得月精

之蔽

假令陽遁四局乙庚之日日入爲己酉時天心直符加時于六乙開門直

事加時七宮即生門與六丙月奇臨六丁于一宮是爲陽局之天遁也

假令立夏下白露下寒露上立冬上並用陰遁六局戊癸之日晡時爲

庚申時天蓬爲直符加時于六庚休門直事加四宮即生門以六丙

月奇合臨六丁于九宮是謂陰局之天遁也

釋地遁

地遁者開門與六乙日奇合臨于六己之上爲地遁此時得日精之蔽

假令冬至上驚蟄上清明中立夏中並用陽一局丙辛之日日出時爲辛

卯時天衝爲直符加時于六丙景門直事加時七宮即開門與六乙

日奇合臨六己于八宮是爲陽局之地遁也

釋人遁

人遁者休門與六丁星奇合前二太陰中為人遁此時得星精之蔽

假令冬至中驚蟄中清明下立夏下並用陽遁七局為乙庚之日夜半丙子時天任為直符加時干六丙生門直事加時四宮即休門與六丁星奇合後入陰中臨六宮是爲陽局之人遁也

凡遇三遁之時出奇門百事大吉

之三避五 之三避五即鈎叟歌所謂遊三避五

天道不遂三五反復之三避五魁並獨處三為生氣故之三也五為害氣故避五也五為威五為武盈于三衰于五足馬隻

輪有反無顧

假令冬至上元陽遁一局甲己之日夜半甲子時平旦為丙寅時得此之三時為生氣利百事故曰之三至食時為戊辰此五時為害氣百事皆凶故宜避之

釋太白入熒惑

庚為太白丙為熒惑若太白入熒惑對敵防賊來

假令夏至中元陰三局乙庚日平旦戊寅時六庚在一宮以真符天芮加時干于三宮即六庚下臨六丙于二宮此太白入熒惑也

釋熒惑入太白

丙為熒惑庚為太白若熒惑入太白則賊必兩退還

假令立冬上元陰六局甲己之日平旦丙寅時六丙在八宮以直符天心加時干即六丙下臨庚子四宮此熒惑入太白也

釋青龍返首

六甲加六丙名青龍返首凡陰陽二遁此時可造百事吉若更合奇門利攻戰出行最為良

假令冬至上元陽一局甲己之日平旦為丙寅時此時六甲在一宮以甲子天蓬直符加時干六丙入宮此名青龍返頭也

釋飛鳥跌穴

六丙加六甲名飛鳥跌穴凡陰陽二遁此時利為事出行大吉營造起動皆為良美

假令中元陽九局甲己之日昳為辛未時六丙在七宮以直符天英加時干六辛于三宮即丙丙臨六甲于九宮此時名飛鳥跌穴也

釋天乙伏宮格

六庚加直符名天乙伏宮格此時主客俱不利也

假令下元陽二局甲己之日晡時為壬申此時六庚在四宮以直符天芮加時干六壬于六宮即六庚下臨六戊直符二宮此名天乙伏宮格

釋天乙飛宮格

直符加六庚名天乙飛宮格此時主客俱不利

假令春分中元陽遁九局甲己之日日中爲庚午時此時直符在九宮以

直符天英加時干即直符下臨六庚于二宮此名天乙飛宮格

釋天乙伏幹格

六庚名太白所加爲格若加日干則爲伏幹格凡遇此格主客戰

鬬俱各不利

假令小滿上元陽遁五局甲己之日日晡時爲壬申此時六庚在七宮以

直符天禽加時干六壬于九宮即六庚下臨六甲日干于二宮也

釋天乙飛幹格

今日之干加六庚爲飛幹格此時戰鬬主客兩傷

假令小滿上元陽遁五局甲己之日日中時爲庚午此時日干加在五宮

配坤二宮以直符天禽加時干六庚于七宮即日干六甲下臨六庚于七宮

此名飛幹格

釋歲格

六庚加今太歲干名歲格此時大凶

假令立春上元陽五局歲干在辛以甲己之日日入爲癸酉時此時六庚在七

宮以直符天禽加六癸一宮即六甲下臨六辛于八宮也

釋月格

六庚加今月朔日為凶時

假令立春上元陽八局月朔干在己以甲己之日日出為丁卯時此時以直符天任加六丁即六庚在二宮下臨月朔六己于九宮此名月朔格也

日格

六庚加今日日干名日格此時大凶

假令小暑下元陰遁五局日干在己四宮甲己之日平旦為丙寅此時以天禽加時干六丙于七宮即六庚在三宮下臨日干六己于四宮此名為日格

時格

六庚加時干名為時格亦伏吟格此時不可舉事用兵大凶也

假令小寒上元陽遁二局丙辛日雞鳴為一五時此時六己在三宮以直符天輔加時干即六庚下臨六己于三宮此為時格也

大格

六庚加六癸為大格此時百事凶謂天上六庚臨地下六癸此時不可舉事遠失不可求

假令直符天輔加時干六丙在六宮即六庚下臨六癸于八宮此名

大格

刑格

凡六庚加六己為刑格謂天上六庚加地下六己此時車馬破傷中

道而止壬辛逃亡所行皆
假令大寒上元陽遁三局甲己之日平旦丙寅時此時六庚在五宮而
寄理坤二宮以直符天衝加時干六丙即六庚下臨六己于四宮此名刑格
青龍逃走
六乙加六辛名青龍逃走此時百事不可造
假令立秋上元陰二局丙辛之日人定為己亥時此六乙在三宮以直
符天任加六己于一宮即六乙下臨六辛于八宮名青龍逃走
白虎猖狂
六辛加六乙名白虎猖狂此時不可舉事百事凶
假令小暑中元陰遁二局甲己日日晡壬申時六辛在八宮以直符天
為加時干六壬七宮即六辛下臨六乙于三宮也
朱雀投江
六丁加六癸名朱雀入江此時忌為百事
假令夏至中元陰循三局甲己日日晡時為壬申此時六丁在六宮以直
符天衝加時干六壬八宮即六丁臨六癸于七宮此名朱雀投江也
螣蛇跃蹻
六癸加六丁名螣跃蹻此時所為不利
假令冬至下元陽遁四局丙辛之日夜半戊子時此時六癸下臨六

丁于一宮此名螣蛇跃蹻也

時悖格

六丙所加此名時悖格悖者亂也為天上六丙臨月日時干直符類

同六庚所加之義凡時不宜用兵遇悖主紀綱紊亂凶也

假令冬至中元陽遁七局丁壬之日日昳為丁未時六丙在五宮寄坤

二宮以直符天芮加時干即六丙下臨六丁于四宮此名時悖也

凡遇六丙六庚之宮為直符加時干即此加為悖凶時宜審之也

遁甲五陽所利

五陽利于為客當為之時即先舉兵耀武以決勝謂時干得甲乙

丙丁戊五干喜神治事上下百事皆吉逃亡者不可得

假令甲己之日夜半甲子時子至辰得甲乙丙丁戊是五陽時利為客

宜先舉不拘陰陽二遁皆如此利也

遁甲五陰所主

五陰利于為主宜後舉兵低旂啣枚待敵時至而後動以決勝謂

時于己庚辛壬癸惡神治事不可造事百凡大凶逃亡者可得宜為密

謀籌策集會武禱祠祈福

假令甲己之日夜半甲子時自巳至酉得己庚辛壬癸是五陰時利

為主宜後動不拘陰陽二遁皆如此例也

經曰直使之行一時一易行陽利以為客故曰以陽者飛而不止五千在子午之東部生氣也故利客先 此段當在五陽所利後

經曰直使之行一時一易行陰利以為主故曰以陰者伏而不起五千在子午之西部死氣也故利主後動也 此段當在五陰所主後

德威之時

六丙為威六甲為德利以為客宜發號施令入其國犬不吠馬不鳴迴車止輪折衝萬里兵來向者還自滅形賊必亡矣天兵助扶敵必驚恐若兵征伐為客大勝不利為主惟固守固兵以待天時

三奇遊六儀 卯玉女守門 鈎叟歌云又有三奇游六儀號為玉女守門扉

三奇遊六儀利以宴樂之事六儀者六甲也三奇者乙丙丁也謂乙丙丁遊六儀之上甲子旬首庚午甲戌旬首己卯甲申旬首戊子甲午旬首丁酉甲辰旬首丙午甲寅乙卯乃玉女守門之時

天輔時

天輔之時有罪無慶斧鑕在前天猶赦之

謂甲己之日時下得己乙庚丙辛丁壬戊癸日時下得甲故也

假令甲己之日日中己巳乙庚之日日晡甲申丙辛之日日中甲午丁壬之日食時甲辰戊癸之日平旦甲寅此時名天輔有罪有赦

天網四張

天綱四張萬物皆傷此時不可舉用萬物皆凶又神有高低必須和之時下臨癸之時神有高低也

假令天乙在一宮其神去地一尺在二宮高二尺謂天上六癸之下即天乙所加宮也若在此之時必須匍匐而去尤右肩而行十步吉若綱高二尺己上可以消息避之為天綱過人故准此用之

專征擇日

直符加時干之所在執事天乙之遊宮是也然後以直符加時干謂所用之時干也如甲子戊甲戌己之類是也以直使臨時宮以所用之時為頭看陰陽順逆數之如庚子時至庚子住辛丑時至辛丑住即知八門所在三奇所臨更有天上之星加地下之宿如此則伏刑格反跌擊墓相入之事吉凶之方皆可見矣

天乙直符所臨為天綱時下得癸不宜舉事若臨一二三四五宮為天綱低走者不遠逆者被獲若臨六七八九宮走者遠逆者不獲

陰陽二道

陰陽二道者謂冬至以後自一至五為陽道自五至九為陰道夏至以後自九至五為陰道自五至一為陽道故五宮為陰陽共道冬至後五宮半南為陽道半北為陰道夏至後五宮半北為陽道半南陰道凡直使在午宮之時利客不利主

八門所主

開門宜遠行討伐所向通達休門宜集萬事治兵習業生門宜見貴人營造百事傷門宜漁獵討行逢盜賊杜門宜邀遮隱伏誅伐凶逆景門宜上書遣士突破陣圍死門宜行刑誅戮弔死送塟驚門宜掩捕鬥訟攻擊驚恐

以上八門內開休生三門宜出其下若更合三奇吉宿最為上吉五凶門不可出須避之為是

九星吉凶

時下得天輔天禽天心為上吉天任天衝為次吉天蓬天芮為大凶天柱天英為次凶更以五行旺相言之若大凶之星得旺相即小凶若小凶之星旺相及吉門吉星無氣則中平以意審之假令冬至後時下得天任吉宿乘相氣為上吉又忽乘死囚又為中平矣

九星休旺

九星休旺謂九星各旺于我生之月相于同類月死于生我月囚于官鬼月休于妻財月亥子水寅卯木巳午火申酉金辰戌丑未土金水木火土相生金木土水火相剋剋我者官鬼我剋者妻財生我者父母我生者子孫

即如天蓬是水星旺于寅卯月相于亥子月（與自同類故曰相）死于申酉月囚于

辰戌丑未月休于巳午月是也其餘星可類推

三甲合

上局仲甲謂甲己之日夜半生甲子丙辛之日日中生甲午是也此時關格刑德俱在内用兵若先舉者敗不可以出入利于迎已主客俱不利

中局孟甲謂戊癸之日平旦甲寅時乙庚之日日晡時甲申是也此時陽氣在外利藏兵固守不可輕出利主不利客

下局季甲謂丁壬之日日出時甲辰甲己之日黄昏甲戌是也此時陽氣在外陰氣在内利出兵動衆百事皆吉利客不利主

又六甲之夜半子時三甲皆合謂今日是直符若時下是甲故名之曰三甲合也

三奇得使

若得三奇遁使尤益其良謂在此六甲之上自得所使之奇甲戌甲午乙爲使甲子甲申丙爲使甲辰甲寅丁爲使如陽遁三局乙庚之日人定爲亥時也此時六乙日奇臨九宮是爲乙奇得使

如陰遁三局丙辛之日食時是壬辰六乙日奇下臨九宮甲午是謂乙奇以使

如陽遁五局丁壬之日日中爲丙午此時六丙月奇下臨一宮甲子是爲丙奇以使

又如陽遁五局丙辛之日人定為己亥時此時六丁星奇下臨四宮是為星奇以使

如陰遁六局乙庚日鷄鳴為丁丑時此時六丙月奇下臨一宮甲子是為丙奇以使

又如陰遁六局乙庚日禺中為辛巳時此時六丁星奇下臨八寅甲寅是為星奇以使

三奇之靈

三奇之靈宜于出行三奇者六乙為日奇六丙為月奇六丁為星奇與善神治事並開休生三吉門合則為奇之靈也三奇以三吉門其中合共臨之即是吉道清靈此時此方可以陳兵行營征殺操練揚兵耀武發號施令俱吉又曰宜求福安社稷化人民

假令冬至下元陽四局戊癸之日日中戊午時此時戊在四宮以直符天英加時干六戊即休門合六丁星奇下臨六宮西北此方吉

九天之上六甲子

謂六甲為直符當戰鬥之時士衆皆直符所臨之宮而擊對衝無不勝故經云揚兵九天之上所以甲為九天之上者謂陽稱乾乾主壬甲乾為天道上昇則甲至壬為九故六甲為九天以甲皆稱甲子者支干之長故也

九地之下六癸酉

謂六癸酉為九地之下者易稱坤之六乙癸從乙逆數至癸亦九故六癸為九地之下六癸皆稱癸酉乃是甲子之中（中當作終）故凡逃亡絕迹者宜從六癸之方避敵亦然出入無人見者以癸者陰干之中（中當作終）故為九地而言六癸酉也

三奇之靈六丁卯

謂六丁為三奇之靈凡出入行兵戰鬥皆從天上六丁所臨之方而去者百事皆吉故經云能知六丁出入幽冥至老不刑刀須臨項猶安不驚六丁者六甲之陰神各有名字丁卯之神字文伯丁丑之神字文翁丁亥之神字文公丁酉之神字文卿丁未之神字文通丁巳之神字廷卿凡有用事六丁出入之時宜合呼其神之字當得其庇佑故云三奇之靈六丁卯然特舉丁卯者亦舉甲子一旬以明前甲子也

六合之中六己巳

謂六己之位皆為六合之中凡有陰謀秘密之事宜從天上所臨六己之方而出入故經云六合為私門出入無有見者故以己巳為六合之中者謂從甲數至己六甲與己合故為六合六己巳者亦舉甲子一旬之義也

九天九地太陰六合

九天之上利以揚兵〇九地之下利以藏形〇太陰六合之中可以逃亡〇冬至陽遁天上直符後一九天後二九地前二太陰前三六合夏至後陰遁天上直符前一九天前二九地後二太陰後三六合

假令陽遁上元一局甲己之日平旦丙寅時天上直符臨八宮即後一九天臨一宮後二九地臨六宮前二太陰臨四宮前三六合臨九宮

假令陰遁上元九局甲己之日平旦直符臨二宮即前一九天臨七宮前二九地臨六宮後二太陰臨四宮後三六合臨三宮

伏吟

子來加子為伏吟此時不宜用兵惟宜斂財貨凡六甲之時直門符皆是伏吟

假令冬至上元陽局甲己之日半夜生甲子天蓬直符皆臨一宮時干在一宮休門直事在一宮此時一伏吟皆伏吟

返吟

子來加午為返吟此時不利舉兵動衆惟利恤民散倉廩之事凡門符對衝皆是返吟

假令冬至上元一局甲己之日雞鳴為乙丑時此時六乙在九宮以天蓬加時干即是直符返吟其日日晡為壬申時此九宮以直事一宮休門

加之卯星直門返吟
門迫
宮制其門不為迫門制其宮則為內迫若吉門被迫則吉事不成
凶門被迫則災尤甚
假令開門金臨三宮木四宮木休門水臨九宮火生門土臨一宮水景
門火臨六宮金七宮金此為吉門被迫則吉事不成
假令傷門木臨八宮土二宮土死門土臨一宮水驚門金臨三宮木四
宮木此為凶門被迫凶災尤甚 杜門當與傷門同例未知何故不載抑或書人誤去
三奇入墓
三奇入墓者謂乙未時為日奇入墓乙為日奇乙木墓在未故為
日奇入墓之時丙戌時為月奇入墓丙火墓在戌故為月奇入墓
之時丁奇以丙火同
凡遇丙辛之日日昳是為乙未日奇入墓之時遇乙庚之日黃昏
丙戌是月奇入墓時也
經所謂三奇入墓者謂六乙日奇臨二宮六丙月奇臨六宮六丁星奇
臨六宮謂之三奇入墓
假令冬至上元驚蟄上元清明中元立夏中元芒種陽一局丁壬之日日過申乙
巳時六乙日奇臨二宮為日奇入墓也

假令夏至中白露中寒露下立冬下並用陰三局乙庚之日雞鳴丁丑時六乙日奇臨二宮為日奇入墓也

假令大暑下處暑中秋分下大雪上並用陰四局丙辛之日平旦庚寅時六丙月奇臨六宮是為月奇入墓也

假令冬至上元陽一局丙辛之日日出辛卯時六丁星奇下臨六宮是為星奇入墓也

凡遇三奇入墓縱得吉宿奇門不可作事百凡皆凶

六儀擊刑

六儀擊刑謂　甲子直符加卯時子刑卯卯刑子也

甲戌直符加未時戌刑未未刑戌也

甲申直符加寅時寅刑巳巳刑申也

甲午直符加午時午自刑也

甲辰直符加辰時辰自刑也

甲寅直符加巳時寅刑巳也

甲子直符臨三宮　甲戌直符臨二宮　甲申直符臨八宮

甲午直符臨九宮　甲辰直符臨五宮　甲寅直符臨四宮

假令陽一局甲己之日夜半甲子時六辛于三宮即是也刑遁倣此

總發天機

蓋三奇八门六儀九星八卦九宮皆五行之所屬不過賴五行生旺剋相制害刑冲胎絕養死貴祿空亡乘生臨旺之理人能觸類引伸則三才萬物之道盡焉可他求哉

ㄙ如天盤九星奇儀八門屬金加于地盤諸星屬木此謂金剋木謂之客來傷主戰利爲客行兵先舉放炮吶喊士卒精强百戰百勝凡求謀請益交易等事破敗憂驚宅舍暗昧遭逢小人賊盜推行人即至若金旺木衰其凶尤甚金衰宍凶稍可如天盤諸星屬金若在衰墓死絕之時加于木宮乃無氣之金而不能傷木若木在生旺之時則木星爲吉若木在衰墓死絕之宮而凶終不能免矣

ㄙ如天盤木加于地盤火星是爲木能生火爲客生主戰利于主謀爲一切等事皆如心志百事大吉如有重木臨生旺之宮此爲貪生之木反壓火光火漸自滅若木臨退氣之宮或木少火旺而能枯木生火大利主兵宜暗計征討百事大吉

ㄙ如天盤土加地盤金亦客生主若係土旺或有重土雖則生金而金被土埋[illegible]藏必有暗兵埋伏或賢士英雄失志或忠烈受屈無伸

如天盤木加地盤金乃主傷其客宜偃旂息鼓禁聲而敵大勝凡

謀多破耗有始無終惟宜求名顯達官事詞理出行吉

ㄙ如天盤金加地盤土乃主生客宜耀武揚威征兵奏凱客兵

ㄙ大勝凡謀為始終勞碌耗散費力後則安妥

ㄙ如天[redacted]盤與地盤九星奇儀門宮五行一樣謂之比和如金臨金火臨火之類若逢生旺之時由我為主客諸事吉慶軍兵奏凱若臨墓衰之時諸事宜遲宜埋伏暗勦利為主客若在衰墓死絶之時遇日干相生謂之絶處逢生遲為後吉若在死墓之時又被本日時沖剋謂之無氣受傷絶滅生意終不利也若諸星逢旺祿之時或被沖剋制害終不為凶如諸星在旺相又逢者為喜上加喜在墓絶受剋者憂上加憂衰墓逢生旺而好漸來若旺而受剋美景將退

ㄙ如地盤生天盤乃我生者子孫凡事先難如父母養育子女常懷憂惜之心待子成人而後有望好事日新永遠吉慶為主者宜施恩佈德選將求賢凡事謀為克己破費若合吉格主好事費財如遇蓬休壬癸主酒筵湖海水面交易或虛驚水災之厄逢任生芮死主田土山峒坟塋老母少男喜慶災厄之費餘倣此各有條款在前已詳言之

ㄙ如天盤剋地盤是剋我者為官鬼大利為客凡事只宜守舊不

可强謀反遭破財有始無終謂之剋我者囚也
ㄙ如地盤剋天盤乃我剋者為妻財行兵利主若求官求名官訟捕獵吉以下之事不利于後敵之反傷終不久遠謂之我剋者休也
ㄙ如天盤生地盤是生我者為父母戰為主大勝凡求謀干謁婚姻商賈謀為塋宅等事大吉不可妄為敬謹而行永遠吉慶謂之生我者旺也

五行生剋制化

此論大佳從歸於平中合和

五行中有生中剋。如金生水。水盛則金沉。水生木。木盛則水阻。木生火。火盛則木焚。火生土。土盛則火熄。土生金。金盛則土衰。子盛母衰理之當然又五行中有剋中生。如木剋土。土厚則喜木剋。是為秀聳山林。土剋水。水盛則喜土剋。是為樽節提防。水剋火。火盛則喜水剋。是為既濟成功。火剋金。金盛則喜火剋。是為煅煉成器。金剋木。木盛則喜金剋。是為斲削成器。

九星論

九星者貪狼巨祿存文曲武曲廉貞破軍左輔右弼也。九星之神分隸九州其在天之五行與分宮之五行各各不同。非得心傳。豈能窺其堂奧。五行之氣在天成星。在地成形。其映照于八方者。盡其氣之所注也。必須觀察時令審魁罡之錯綜理會乾元通九星之變化運籌以定門户躡斗以召奇儀玉女旬神分別佈置納音氣運本宮旋貫就中消息先後一天是以得時得位上應乎風雲下應乎人事故避難而用戊徵召而用丁解已鎮煞歲星君同征神乎神乎奇門九星

直使論

直使者乃直符之分守各具五行之質以參贊天乙之作用而已故直符巡隸于東南則直使監察于西北順逆相加遥為互應凡同乎本宮為伏吟莫測之險加乎對宮有刑剋沖射之虞奇儀生合抑何求而不得因浸死廢直羅網而難施至于刑和儀迫已載全書而空陷孤缺另有確論故有守門而不足奇迫門而不足慮其他門之災變又當以時令分論而推所貴乎神而明之也

大章九法

第一法 詳明氣候運行於何卦何宮辨論符元正授于何起何接認氣必然確用奇方得不假

第二法 用漢局奇門飛佈九宮納儀甲之靈迭換符蛇神九星之用生剋制化以決主客之雄雌

第三法 用太公移宮佈門叅佈二五之則

第四法　審擊刑入墓得使

第五法　查九星格宮時令得失門宮迫刑

第六法　推符使兩家誰否誰泰以定剋應

第七法　從宮從星詳別主客動移合時令言之

第八法　看日時兩干與直符直使並星門本數三合查其刻應方位時辰

第九法　遵玄女中宮納音納甲飛隸甲丁佈置六戊以解凶魔以破羅網動八方剋應天門地戶運籌作事

先鋒門

謂時日先見之機與天地氣運生合刑格何如符元氣運生合向背何如主客干支生剋制化又何如三者互參以互動取用自可得其来情之妙

發端門

謂係何甲發用加詳於孟仲季之理又係何親出頭須辨于上中下之殊則知其事之新舊與占之上下也

直事門

謂用符于何卦何宮果合乎氣運與元局或親或疎則知乎遠近情性事業究此而得之矣

移易門

謂其加臨兩宮或是財來助鬼與鬼化為財臨鬼加子而得救

加刧臨子徒傷神則此中之介紹其情景可玩索而得焉

歸計門

主其飛臨之宮生尅制化若何而飛宮之神又飛何宮果與

本符應照生尅各別結局何如

變體門

看本符係何宮次飛值何宮細考變胎肌体之義看三元

生合制尅如本宮三合有合神絆住仍以本体論如飛宮之三合

有合神成局則以飛宮論此變體脫胎之義也宜加詳焉凡

合神在三方天盤者其事速在地盤者其事遲在天盤（作合）而受

地盤剋制者凡事空好無益在地盤作合而受天盤剋制者

凡事必破後方成

奇門吉凶格總斷玄機

直符加丙龍返首凡事欣欣當得手丙加直符鳥跌穴經云

有為事易遂只嫌刑格悖伏飛庫墓文乘偏失利又兼熒

白與孤虛休廢悖迫害須忌勸君就裡細推詳吉課藏

凶理甚

生門開丙奇臨戊儀經云天遁寔為奇用兵興師稱大利再直九天百事宜開門乙奇臨地己經云地遁斯為美安放五戊此中求九地從來藏奸詐休門丁奇遇太陰經云人遁此為真置營造宅圖謀利婚姻經營總稱心生門丙奇遇九天神遁行法最為先開乙生丁合九地艮宮鬼遁偷營利休門乙奇合坎宮龍遁雨水師偏雄休生乙奇合艮辛虎遁招財威令行三吉乙合辛在震雲遁之格最為貴三吉合乙在巽宮風遁逢之最為神三奇合景會九天天假之格不須言丁己癸合杜門臨三陰之宮地假云六壬合景臨九天人假之格有區分丁己癸合傷門臨三隱之宮神假真丁己戊癸死門臨三隱之宮鬼假真五假之格何所用同前五遁究原因若問三隱何者是太陰六合九地尋

三奇三吉臨太陰真詐之格不虛陳三奇三吉臨九地重詐之格君須記三奇三吉臨六合休詐之格不須記三詐之格果非常捕捉營謀事事昌

凡杜景死驚傷合奇儀乙丙丁己壬癸下逢四吉九天九地太陰合各取宜其隨事用之可也至于三奇仍使用之最良玉女守門利在陰私三勝之宮百戰百捷天輔之時有罪逢赦天三門利

舉事之初地四戶為和出之路地私之門出行即喜奇門總照百事歡欣天馬之下有難可避三吉之宮逢吉位百事稱心既明貴格當究凶神乙加辛而龍走則身殘辛加乙而虎狂則財虛耗蛇夭矯動作虛驚雀投江文書失遺伏干格庚臨日干出遺財物飛干格日干臨六庚戰主敗已庚臨直符伏宮格失盜難獲直符加庚飛宮格追盜無存大格庚加六癸小格庚加六壬刑格庚加六乙悖格丙臨日干庚加歲月皆為格庚臨時干己同推丙為悖符庚為格癸到時干天羅張壬到時干地羅遮其餘吉凶格等須精為妙

三奇入墓用法

若地盤三奇入墓者為主事則暗昧欲為不為進退狐疑自心反復

若天盤三奇入墓者為客事有乖張遇而不遇好事遠退避當圖失意明中暗投天地六儀若入墓與三奇同斷

如天地二盤三奇六儀雖臨于墓宮合吉凶等格分主客各有吉凶若奇臨于墓宮得日時相生又不可以凶言之

六儀擊刑

如甲寅加于巽坤甲申加于艮巽此為無恩之刑以下犯上臣

欺其君共泄其机父母師長生憂
甲戌加于坤為恃勢之刑或貪酒色失機或争功失意同
類參商
甲子加于卯宮為無理之刑上人心更變謀奪其權或被人暗
算
如甲午加甲午甲辰加甲辰為自刑主自害或謀事枉為
或事錯亂或為事不決矣

奇門心傳

星門之符使不分主客皆為我用所看主星之下飛門也
主星之下流宮也主尅星門可以攻城破陣飛門尅主星
徒勞無功而有損兵將主門尅流宮可以堅倫固守而致賊降
流宮尅主門必至割地喪土而失疆城如我生彼而我衰則
彼可脱我生彼而我旺則彼必投順彼生我者亦然衰旺只以
時令言且主星看天煞諸曜主門看地煞諸曜吉凶而已可
必立見其驗矣即如星尅門先吉後凶而又逢星尅門故也敵
門尅星大將被擒斷不出此要略也直符天盤上有一干乃主
星之傍也使門地盤有一支乃流宮之側也兩邊合配少納音
如不可言如空下可配者配之否則配以主星之下流宮地支乃

成如文不成當配以使門天盤之干地盤之支乃成三奇到
門如絕譬之君臣在內有大將守門邊若犯墓制則三奇
受制自顧不暇焉能制人如天上三奇墓制支不墓宮地下
三奇墓支更墓宮

九星行兵凶吉章

天蓬星平隱宜堅固須知天芮士卒亡天輔遠凶近則吉天
柱軍馬近焉傷天英將兵何須出已上五星凶莫當總然
三奇合門戶立應危難見柄惶天衝揚威萬里行天禽雄
猛敵軍傾天心機密他須敗報道天任大戰贏蓬任衝
輔屬陽位英芮柱心是陰鄉禽星子午陽星屬落于陰
位性同方

奇門三盤辯

奇門三盤天地人三方故占吉凶者首重九星九星者天盤也
以吉凶由天定故也凡占星尅門者吉門尅星者凶
出行趨避首重八門八門者人盤也吉凶由自取者正凡門尅宮
吉宮尅門者凶扦塋修造首重九宮九宮者地盤也此等
事皆由地而起見也故門生宮者吉宮生門者亦吉不宜相
尅須善推之

傳曰奇門既分三盤上下盤內俱有一明干上下相對一照成格顯然可知惟主星之下飛門之內暗藏一干若隱若現變化無窮古今來無識者假如飛門既生主星凡百事吉而飛門內忽有庚到外面雖美而中定蹭蹬又如飛門既尅主星而飛門內忽有奇到百事外面固凶而內中定有人暗護經曰若有若無若隱若現飛干之謂也

問奇門有天地人三盤主星主門既然飛出主宮獨不可取用乎曰三盤當均為取用又問星門乃本時一干一支主宮將何取義曰主宮支干之父母也何謂不可用即如主星冲動行人心欲速來而遇主門入墓其人必心欲動而身猶不能出門主宮看例做此

凡占行人作事必以冲動為驗果然靜逢冲則動動逢冲則破旺相逢冲則發休廢逢冲則散不可不知

即如杜門到坤宮乃木庫在未逢擊刑則墓掏逢干支相冲亦墓掏秘之說而有說焉曰庫房四隅若辰戌丑未日乃辰戌丑未時而星門犯墓者乃為真墓雖冲刑亦不能掏秘之然又有日墓時墓宮不可不知日時墓戊戌壬辰丙戌之類是也若宮墓如本時正支干乃戊子

而直符輪到乾宮乾乃戌地也亦云入墓又云真時墓餘
倣此

来人姓氏

欲知来人姓氏須看納音然納音不可盡知須從宮商角
徵羽辨之乃可盡百其人則百其姓焉能盡曉故知五音
即可也或宮音人或羽音人了然可知納音即甲子乙丑海
中金也此中之秘不能盡悉畧舉二即如清晨起一數有
人来否起着杜門而支干入墓者不問主門入墓者亦不問
伏吟而遇擊刑者不問天網四張五不遇者不問否則即
如時加六己陽日為貴人陰日為僧道九流甲日為陽乙日為
陰陰陽倣此而推然後支干配合以納音納音配以五音而
貴人之姓了然可知
又須知從直使上辨其方位九星亦要辨其方位如主門從
乾六来即從金義上斷之萬無一失然金遇旺相時令旺相
方位金字之形跡現否則金形即隐須于筆畫方圓曲直
處辨之可也又如時加六乙則六乙為何方木從此而春而夏
而秋而冬分四季理取榮枯廢道無遺且如春夏發生之木
知為何時之貴人並知其為肥大之貴人也秋冬為枯落之

未知其為不得時之貴人並知其為廢弱之貴人也僧道
准此不特辨姓氏乃辨容貌服也其來人方位從干上發跡
使門落處是也然來人于使門斷之而我欲出門又于符
宮上斷之可也如天盤上有一活支干地盤上亦有一活支干
蓋此上下支干乃因時所至活變無窮天盤支干一時一易
地盤支干一局一易以一時合一局則又變通無窮矣此局乃
十八局一局一易雖不甚活然較八卦則又活動矣蓋八卦亘古
不變地盤支干則一千八十變矣如地盤由子到二宮乃土生金
而金配以納音方知來人貨物數目多少數目于一六為水二

七為火三八為木四九為金五十為土之例是也旺相十百千
極旺則至數萬源由乎人萬千百十皆由人推之不可執
定拘泥也
傳曰以來人方位起直符此說其實不通若以來人所立的方
位定本身生剋為妙
譬如符使是休門天蓬而來人立坤方乃土剋水也凡事
不利若立兌方乃金生水也凡事大吉即如此數主星主
門被飛流所剋乃大凶而本人所立方位是相生的便是有
救了不妨然飛流為重而方位次之又可以本人所立方位

配以十二天將便知來意
假如本時內有人起數于符使內既斷以吉凶即于本時又
有人起數即以本人所立之方位配看有奇無奇有門無門
受迫受制否十二天將有吉無吉否彼此合看萬〻不爽同
一數也倘數得凶兆來方有奇可解無奇則不可解有門可
解無門則不可解豈是推之即庚到亦然即一人以定數
人皆然

釋義第一

遁甲者何天干凡十甲為之首統領諸干其所畏者獨
庚金耳故須避遁其甲勿使受庚尅然乙為甲妹可以配之
使其情有所牽丙丁為甲男女可以制之使其勢不得肆
故以乙丙丁為三奇又十干中戊己庚辛壬癸乙丙丁皆傳制
用事而甲無專位與六儀同處如甲子同六戊甲戌同六己
之類又以六十花甲子布于九宮起宮為甲子遁一位為甲
戌又遁一位為甲申之類皆有遁甲之義獨餘乙丙丁無
與同者亦三奇之義也八門者休生傷杜景死驚開也九星
者蓬芮衝輔禽心柱任英也九星八門在地盤原有定
位如休門天蓬屬坎之類此一定不易者其在天盤則隨直

符直使所指與地盤參差相值而吉凶生焉。乙為日奇，丙為月奇，丁為星奇。三奇者，若遇開休生三門，謂之奇與門合。休一在坎，坎屬水；開六在乾，乾屬金；生八在艮，艮屬土，即歷家所謂三吉也。又八詐門者，直符、騰蛇、太陰、六合、勾陳、朱雀、九地、九天也。比直符隨九星，直符所指，陽則順旋，陰則逆轉。其中九天、九地、六合、太陰為吉。若得奇到門，而又值此四位，是為全吉。然又有反吟、休囚旺相、擊刑迫制之類，不可不察。神而明之，則又存乎其人耳。

凡例第二

一夏至後陰遁，用逆局，只在九宮上逆數。若移入八卦數方位，不拘陰陽二局，皆當順行。

一九星在九宮者，其序天蓬、天芮、天衝、天輔、天禽、天心、天柱、天任、天英。以坎坤震巽中乾兌艮離為次。

一九星在八卦數方位者，其序蓬任衝輔禽英芮柱心，五宮天禽星無位，寄在坤二宮，與天芮同處。以乾坎艮震巽離坤兌為定。

一六儀三奇皆在九宮掌上照順逆循次排佈，待符使既定，然後移入八卦順數方位也。

口訣第三

先觀二至以分順逆冬至後為陽遁順布六儀逆布三奇
夏至後為陰遁逆布六儀順布三奇
次觀節氣以定三元三元者上中下三局也五日為一候三
候為一氣一月有二氣一年有二十四氣此法以甲己二將
為符頭符頭所臨之支如值子午卯酉則上元寅申巳
亥則為中元辰戌丑未則為下元五日一換符頭故半月
一氣而三週也假令冬至節用事按起例云冬至一七四是
一為上元七為中元四為下元若本日符頭是上元用一字
則從坎宮起是中元七字則從兑宮起是下元四字則從巽
宮起餘倣此
次觀旬首以取符使旬首者用事之時所管之六甲也看本時
旬首是何甲即從應起之宮依陽順陰逆數之旬首所泊
之宮星即為直符門即為直使如在坎宮則天蓬為
直符休門為直使餘倣此
直符隨時干看所用時干迫在地盤何宮即以天盤直
符移在此宮却從八卦數之則乙丙丁三奇所臨之方見
矣

直使隨時宮　看所用時辰迫在地盤何宮。即以天盤直使移在此宮。六八卦數之則開休生所臨之門見矣。

小直符加大直符　以八詐門之直符加于九星直符所臨之宮。

陽順陰逆則六合太陰九天九地之方見矣。

陽遁順局

冬至驚蟄一七四　小寒二八五同推

大寒春分三九六　立春八五二相隨

穀雨小滿五二八　芒種六三九是真

清明立夏四一七　雨水九六三為期

陰遁逆局

夏至白露九三六　小暑八五二重逢

大暑秋分七一四　立秋二五八流通

霜降小雪五八二　大雪四七一相同

處暑排來一四七　立冬寒露六九三

此為起宮要訣舊載不明人皆茫無下手處今特為揭出大抵以九宮分管二十四氣數法先認八節所屬之卦如立春艮春分震之類既已明白然後遇冬至後則順數節氣而逆數中宮夏至後則逆數節氣而

順數弔宮弔宮者即三合宮一七四之類也但逢六節當
尋本位其餘挨次數之庶不差耳此法簡便指掌
不必苦記別訣也

干支星門條分晰辯

問木數星門受尅而干居旺地是有始無終凶中有救乎
曰然哉君可語數指出玄機來北有池南有台陰陽玄理貴
裁燒乃三盤直氣候風雲呼吸取諸懷語畢無辭君
莫厭我將永別上天台
又問本干宜居旺地倘臨庚時干數所宜最忌衰不宜旺日
干總是本身宜旺不宜衰
假如有人問病于符使上既斷其大概之吉凶復于本正時上
看本干陰陽或起長生輪去病到何宮宮上有奇否有庚

吾得門吾宮下受迫吾不落旬空吾一一看之如前斷之
自驗又有人問婚姻宜看冠帶宮冠帶俱成人之禮也占婚
姻必看此宮問初進之功名宜看臨官問遷職之功名宜
看帝旺謀生求祿補廩覓食宜看養宮產育壽考宜
長生宮若配以十二天將更得其精微
又曰四干之下各帶一支看其冲合地盤兩干之下各坐一宮看
其墓旺墓旺所以驗吉凶冲合所以驗動靜凡事未發而遇
冲則動既發而冲則散事未起而遇合則靜既起而遇合
則成然又當以星門合看不可執定

假如正時是乙卯時坐專祿（乙祿在卯）乃為大美若坐到坎宮乃
乙木之病鄉其体必強旺比如壯人尚可支撐若正時是乙
亥乃乙木之死地又坐坎宮則本身久已無氣病必死戰必敗
謀事必不成或又如正時是乙酉本乙木之絕地若坐到離
宮為絕處逢生病藥而後痊戰陣而後勝謀事久而後成
若正時是乙卯又坐到寅卯辰巳午未申諸宮方為得地最吉
假如正時是丙戌時（丙墓在戌）時干入墓若坐巽宮其下地支乃
壬辰辰戌一冲墓庫已開又為冠帶之鄉作事先難後
易日久乃成然又當以主飛流合看方毫厘不差以上只指

乙丙言也餘干可以類推
問乙遇辛丁遇癸冲壞即成凶格獨壬見丙為何不成
凶格曰此皆諸書之誤也蓋丁見癸即死門也癸見丁即
符宮也無使門也若宮吉門吉稍見相冲不為大害宮
凶門凶見之大凶更丁見癸在值門則我吉蓋在我者也
癸見丁在使門則彼吉蓋奇在人者也秘之又問玉女守門此
奇在人何又為吉格曰守扉不過是陰私和合事當因時
而斷
問詐吉門吉奇到如時加六庚六辛六壬可以出門否傳曰
六辛六壬有奇可出時加六庚雖有奇亦不可出
又問逃難藏身使門既吉符宮或有庚到可以出門否曰
逃難本身已有難矣故可出如平居無事斷不可出
又問如使門不可出可以出符宮否傳曰臨陣可背出門則
不可也倘本星受尅即背亦不背當秘記之
又曰出三奇三吉以發兵時言也背天罡亭亭月建遊都雷
公等法以臨陣言也各用有準
問數既占矣三奇不到使門奈何曰奇到出奇不然向天上
而去如庭中六步郊外六丈是也又問與衆兵出乎抑獨

自出乎庭中獨出郊外同出也
經曰凡動作營爲得奇到方三吉到宮不拘年月禁忌惡煞皆退避化凶爲吉
傳曰地下三奇避八卦即庚丁墓丑乙丙墓戌之類是也
傳曰支煞看使門干煞看符宮干爲天煞支爲地煞凶多吉少倘所到之煞甚凶得三奇可解遇天罡亦可解倘三奇在地下與諸煞同處諸煞遠避應無災害如三奇在天上忽然加臨諸煞起而復退
悶四隅每一宮有二支落位如使門落在艮宮還看丑宮地煞還看寅宮地煞抑兩宮俱看否
傳曰本時支屬陽則看陽宮本時支屬陰則看陰宮故
經曰陽與陽化陰與陰化是也如杜門到兌宮是主門被流宮所剋了悶行人似乎不來然杜門逢剋則偶遇金旺必到被之八門可以意推
傳曰生門土也死門亦土也土雖同而用異一生氣一死氣也則所以異也如杜門傷門皆木也而用亦異杜則重而傷反輕杜則閉而不出傷則受而可就
如兌金剋傷門問病主刀箭瘡刀或喇或膿血或肝病

之類是也乾金主尅傷門或跌打或石壓或登高而墜
或肝病或嗽症于傷寒之類是也遇木旺金衰不妨金
旺木衰必死金衰木旺亦死
兑金尅杜門或腹脹或骨硬或隔噎或便悶逢木（因卯亦死上當有甚字）
衰金旺則痢疾嘔血之症必死木旺金衰雖重不妨八門
由是類推無失也
問五行首重衰旺三月建辰應土旺又三月乃清明節
係卯木司令應木旺果否
傳曰依奇門則木旺依節氣則土旺二者宜兼用也生
門直符則木不能尅土傷門直符則木又能尅土蓋二旺
因乎直符萬不可易
又曰若遇杜門如何曰微有所別
又曰死門生門均一土也衰旺還同否曰生旺春夏死旺
秋冬
又問天禽寄天芮衰旺同否曰天禽雖寄西南宜居
中宮無分陰陽遇辰戌丑未月則皆旺矣
問人有病生死未判還看生宮看死宮曰少年看生宮
老年看死宮有奇到宮者不退乃吉

問沐浴何謂也曰沐浴者欲發未發機將露之意也
問何為絕曰絕看甚多絕者生氣盡無可交遇絕則財
盡而蹺婚姻遇絕則情反而逆謫難而通何來不可且
此中更有妙處符宮之干為主使門之干為客胎旺同推
問帝旺何義曰假如婚姻遇帝旺在男得令而成吉則
女亦強良而助家陰干得之而應女陽干得之而應男若
宮三則為假婚姻遇宮三而成守扉斷然是野合
問養字其意何居曰養字包得甚多求謀活計皆可類
推不能盡述

問假如本干坐落之宮既得旺地而本干所帶之支乃是衰
絕吉凶取用何如曰支干十二有棄取符使加臨如聯珠逢
帝逢絕雖難用只看作宮不看支須知來意應其方不
因符使因其餘舉將出兵逢帝旺指揮妙算亂能除
若還逢絕又逢衰庚甲不同君莫、衰星奇既得干逢絕
有始無終真奇哉
問天蓬星利于亥子月春夏將兵不利倘春夏月直符是
天蓬而飛門是景門乃水剋火也可以用兵乎曰蓬雖能
剋景總是無力耳 又問遇子時子日何如曰稍差勝符

使雖分先後而斷符吉主應先吉門凶主應凶而後不
利符重門輕以數言也門重符輕以出兵時言也若星門
並吉而格未吉吉中有凶星門[illegible]俱凶而格最吉凶中
有吉也符為父使為母符受尅則父亡使受尅則母亡
又符為本身使為妻子生尅亦同推而符為天使為地
符為君使為臣同推流宮生主門屬土主墳田産屬金
主墳財帛屬木主墳房宅屬火主墳文章屬水主墳秀士
問八詐一盤緣何把十二天將折去幾位又把九天九地貴
人直符插於內中是何主見乎

傳曰十二天將所以配十二支也八詐所以配八宮也問曰
假如星門直符詐白虎可無妨否曰有害其中吉凶當
隨八詐配以六壬所落宮位斷又曰傷門直符詐九天可有
害否曰最吉九天九地前賢未曾分剖總之所到皆吉大抵
九天九地則天地於我無不大其覆載有何不吉
又曰倏為吉倏為凶倏為我用倏為彼用人不知神不測天
地莫能窺其微乃謂之詐蓋八詐之中惟九天九地太陰
六合為吉餘皆凶也然詐凶而星吉奇到者不妨又一等
詐雖凶而我星門尅彼者亦不妨彼不居旺擊者亦不妨

如不得星門又逢凶詐尅星門者乃為大凶
假如我坐天任生門詐得玄武亦妨小人盜賊然土能尅
水雖有小人不足為害我主進旺令反者所得囚死者
稍畏之星門尅生得地者吉
又八詐之生尅須以我星門同敵之門宮合看

八詐八屬

直符　白虎金　九天金　九地土
六合木　太陰金　玄武水
螣蛇火　朱雀火　勾陳土

甲庚論斷

庚為七殺之仇與甲對宮而相處甲所恃以無恐者賴有三奇耳九符宮有庚宜出行以避之使門有庚宜居家以避之惟甲申直符動亦凶靜亦凶得三到可解然三奇有盛衰墓制不一統一歲而言之乙旺于春丙丁旺于夏統一日而言之乙旺于晝丙旺于夜丁晝夜皆旺而尤旺于星夜故曰惟丁奇最靈統八方而言之乙旺于卯制于酉墓于戌丁旺于巳制于子墓于丑三奇同一救甲而衰旺墓制不一不可不知即庚亦猶然得令于秋生于巽旺于兑

墓于艮均之制甲而衰旺墓制各異然主星天盤內
有庚為不共之仇為殺身之患凶不可解飛門人盤內有庚
敵自外來猝然而至可以來即可以去流宮地盤下有庚
居家凶出外稍寬使門天盤上有庚出外凶居家稍寬
不悯軍國俗事紀之俱凶假如年奇占歲令天盤有庚
必水旱頻仍災瘟並至人盤有庚必刀兵不止地盤有
庚必山崩地陷水決石冲按所落方宮配以分野則其地
受害彰彰可見然庚到凶奇到吉可知不知六庚固能
為害然飛到火宮生旺火門或居墓自顧不暇焉害
人乎逢火歲則金化為水非盡害也不能為害也三奇固
吉遇墓制或年非旺令半非旺地雖吉無力何能澤
被蒼生故曰神而明之存乎其人

甲庚行兵進取論

甲庚為不共之仇故甲為主庚為敵即如本時占勝負符
使上止斷其大概之吉凶奇到門到為最利然又當審
其餘宮六庚之所落六庚若臨符使敗道也焉得復望
退兵
假如本星六庚飛出為飛門而丁所尅知其必喪師辱主

六庚本門飛出為流宮丙丁所尅知其必失地喪師六庚本宮坐位為飛門丙丁所尅知其傾巢覆穴宮被尅則城可破門被尅則路可截星被尅則師可擒勝負存亡了然胸中

如我欲進師虛實未詳又當患六庚之所在如六庚本是落坎宮遇一里或一十里或方北或水邊必有埋伏落在艮宮八里或八十里東北隅山內必有埋伏如落在震宮三里或三十里震東林木中必有埋伏巽宮必竹木叢中埋伏落離宮九里九十里正南必有騎兵火攻埋伏沖突落坤宮防曠野兌宮溪澤乾宮防高崗峻嶺倘庚逢旺方旺令敵兵勇而多如落旬空及墓囚者有三奇加臨者不在論中以上言不門而言星者以星為將為兵故也

星門衰旺主客郁身論

假如主星是天蓬主門是休門而天蓬時值休廢本身應作弱論或主門上飛星得天心此弱中帶生水出有源不可仍作弱論問病得內治之功問行軍得內助之力又如蓬水時值旺相本身應作強論生門上飛星是天任此旺中帶尅水受其制則不強論問病有內損

之憂門陣有內門之妨

如主星是天蓬飛門是生門飛門值廢因而下坐火宮

此弱中帶生土本日厚生門值旺相而下坐木宮此旺中

帶尅土氣日薄此旺中帶尅皆屬于彼乃為彼之幫身

由此而推時令之衰旺但幫身而更活焉

星門主客生尅論

假如主星天蓬尅景門我兵宜自北攻正南利水陸並

進將須羽音人黑旂甲排水形以攻之必大捷

天英尅驚門我兵宜從正南攻正西利用火攻騎戰將須徵

音人紅旗甲排火陣以攻之勝凡九星八門生尅准此類推之

如主星天蓬被死門所尅敵必自西南而攻正北我攻應

應大敗須急選商音白旂甲埋西以洩其氣又將徵音

將紅旂甲埋南以挫其威自統大軍青旂甲依東角

列木陣以禦之更遣角音將為先鋒必捷

日干時支論

時干尅日干乃賊犯貴幼犯上之義也犯此大凶惟甲日

庚時尤甚當審其衰旺日旺時衰則雖尅不妨時旺一

尅則不救矣尅凶生吉經曰時干入墓不可救然惟丙戌

時為墓到巽宮則墓開丁丑時到坤宮則墓開己丑
亦然壬辰時到乾宮則墓開癸未時到艮宮則墓開
天盤遇六儀擊刑者其墓亦開又丙戌戊戌遇辰月日
時則墓開各隨事之大小而取裁焉但我星以受尅入墓
者亦不救雖墓開亦不救時干尅日上必遭殃日干尅時
下必有損

三奇保應

每月朔旦之朝諸家神煞悉皆拱手朝迎三奇故云遷
墓立宅得三奇子孫發福倍常

上官以奇必獲君寵開山立向以奇必發功名將兵以奇
必奏凱婚姻以奇必久遠有貴子
經曰凡動作營為以奇到方三吉到宮不拘年月禁忌也
天毒大九良七煞空亡一切凶神盡皆拱手退位化凶為
吉受福無窮矣
傳曰地下三奇避八卦天上三奇無尅制蓋天上三奇日
月星也有何尅制地下三奇避八卦卯庚丁墓丑乙丙墓
戌之類是也
假如某年某日欲立宅興工屋坐子朝午即以日奇門

排一數看有三奇到墟者乃為吉奇又以時奇門排一數看
本時有三奇三吉到坎者為吉辰偏日吉時不吉者不可用
時吉日不吉更不可用必三奇三吉八詐吉一同到坎者方
為全美如不得天上奇得地下奇亦不可不以主門吉以
凶門吉亦不可作不吉者次之生子朝午係坎宅開休為
吉生門非吉以生尅水故也凡迎娶遷塟俱論生不論向
准此而推

訣曰出行宜門尅宮宮生門者亦吉惟軍不宜宮生門動
作嫁娶宮門相生者大吉相尅者雖以吉門亦不吉

惟白遷塟以奇門無地亦吉婚姻以奇門有雖可免火
凡修造日支貴與宅主命相生不宜刑冲要訣也
凡遇三奇昇殿吉不可言得主星吉門到者更吉凶門
吉者次之數中有配年之法然配亦吉不配亦吉不必拘執
如奇到宮或書符持呪鎮之更吉
凡有動土興工冲犯太歲于三奇輪到之期各書符一道則
諸煞遠退以桃板書符永鎮之更妙須日奇到宅書符
時奇到宅懸掛
凡修屋論方修灶論向以門向坐皆到可用然灶以燒火

人生宮為主修往日支與主歸年命相生者吉
又日干遇盤同配以化命生命亦要門奇到吉凡遇年命
須以命之納音配以本命也生干宜相生不宜相剋比合者
次吉蓋化命以本命為重者也故論生不論向生命當以
本命之向上一合宜相生不宜相剋蓋生之同出于向者也故
論向不論生然主之年命與本年之納音相生比合更妙
傳曰凡遷造日支與然主生年相沖者凶相刑者不論相
合者最吉本盤之分金納音與化命之納音相生吉相剋
者凶比合亦吉此配年命之法也秘之蓋遷造擇

甚難一盡合惟奇門到者則無忌矣地下之三奇門已
到忽天上之三奇亦到以其忽然相臨也不拘天上地下到
者皆吉而天上到者尤吉

空亡

有日旬空亡有時旬空亡十四干截路空亡惟出行最忌
截路空亡凡事遇空則吉不成凶事遇空則凶不成作病
遇空則大病遇空則死如日時遇空逢太歲則空遇月
建則空本人年命亦可填空正時空而本人之方位亦可
填空大約日奇重日旬空亡而時奇重時旬空亡

傳曰使們有奇到宫為大吉如太歲是乙巳而乙奇下之支
適逢乙巳月建是丙午而丙奇下之支適逢丙午為官者
得此數必得天子特恩大孝拔庶人得此數必得貴人扶
助意外吉慶丁奇倣此且不拘旬空蓋乙巳丙午為遊
宮太歲遊宮月建故也若數內有庚到而其支適遇太歲
月建其凶㣲倍常秘之秘之

甲符元神秘論

悶所云直符宮何曰猶府縣之有衙門○乃空位也○或天天
蓬天任諸星到宮○即如某州縣官之名姓○也○可置之無悶

前甲與星符兹星又與宮符故曰直符宮凡占天則星
為天占地則星為地占君臣事物則星即為君臣事物
無不符合美
又云直符者亦其合衆星衆們無不符合故曰直符如主
星是天蓬休們輪該甲子直符不以據以甲為木論甲
圍木也輪到天蓬即與水合當水相論到天任即與土合
當作土相論餘星可類推如到天蓬甲為水相忌宮雖
有庚到此生我者也于我何害如到天任甲為土相沉
忌雖有庚到亦我生者也在我不過盜氣輪到天冲

甲為木相流飛若有庚到乃剋我者也我方受害病必死戰必北所以貴乎遁也若我旺彼衰木中卯有大惟庚過之卯退尚不即至于死敗到天英甲為火相流飛卯有庚到此我剋者也于我何損到天柱天心甲為金相流飛若有庚到乃彼此是金須當看我之助看我之坐以定吉凶彼坐乾兌我勝我坐乾兌彼坐離艮我受剋于景英彼亦自先受剋宜乎吉凶相半然究竟主星門被他所剋了致彼勝我坐乾兌彼坐震巽我勝我坐乾兌彼坐逢休在我雖是退氣未免我是父母

亦我勝我坐乾兌彼坐為任我雖受生未免我是子孫彼勝惟求財問疾我受生者為大吉此天地未洩之氣在人心命而口之方可語此道也又甚執甲木庚金剋制之說而毫無變化則奇門之術亦甚窮矣哉

訣曰我坐水星門忽六庚加臨無是父母未免有禎驚之上人我坐土星門忽六庚加臨終為不肖之子孫我坐金星門忽六庚加臨必是闘牆之弟兄我坐居旺令不足為害我坐居休囚不免殺逆更當以主流飛之生剋合看則吉凶了然矣倘我坐火木二星門一為我剋一為剋我

勉不必再贅故曰庚之為害從星象之有字又有字
為息有字為難損為不妙

三奇喜怒章

△乙奇到坎吉到坤凶到震巽大吉到乾大凶到兌凶
到艮吉到離大吉
△丙奇到坎大凶到坤大吉到震大吉到巽吉到乾大凶
到兌大凶到艮大吉到離除子午二時不宜據用其他皆大吉
△丁奇到坎凶到坤大吉到巽中吉到乾大忌六戊到兌大
吉到艮大凶到離乘旺大炎不常凶

三奇貴人昇殿

乙奇到震為貴人昇乙卯之殿大吉
丙奇到離為貴人昇丙午之殿大吉
丁奇到兌為貴人昇丁酉之殿大吉

三奇秘訣

三奇亦有不相同甲寅門使丁到宮此時雖曰三奇在
吉裡藏凶仔細攷
甲寅乃癸儀丁奇到乃癸見丁不拘使符總為不美
主星不受尅者無大害尅凶甲午乙奇不得力甲辰

丙奇不得力
假如時加乾乙莫作六乙槩論看作何方是妙銓使門
之上既分明符頭何為不相同不將此處玄機辨為了
一半少一半
又如八門六壬其內生中尅尅中生活變無從故曰
玄機即如乙奇在地下生於午旺於寅病於子墓
于戌絕于酉時加六乙亦有吉有不吉不可概論使
門之上既分明乃主門上之一干也符宮何為不相同
乃符下之一干也言各當考其生旺尅衰倚門上之
于符宮之干俱為地乃為金美不然是為半吉前
云六乙木為何方木木分四季理取榮枯生之謂也
與五行生尅制化同章
水下火上木左金右土中以位言也
水黑火赤木青金白土黃以色言也
水曲火炎木直金圓土方以形言也
水潤火燥木敷金斂土溽以性言也
水鹹火苦木酸金辛土甘以味言也
故在天則火為日水為雨木為風土為雲金為雷在

地則火為火水為河木為林土為山金為石在人
則火為心水為腎木為肝金為肺又火為血水為骨
木為金筋土為肉金為皮人第知火能尅金不知
金遇旺令則金中有水火欲尅金而反受其尅也
生中尅〻中生變化無窮不可不審也
如土生金猶遇旺令則生之不竭如金相時未離父母
之胎則土中尚存火氣不特不能生金〻且受其
制如金生水金逢旺令則生水無疑如金相時則
金中尚存土氣不但不能生水〻且反受其制木火水
皆然此中秘訣不可不知

與臨機變用一章

如軍中營中有一個一見或遇移倒斜落金鼓等
項或听言語善惡或見其器数目或物器破損或
遇獸鳥從何方來去或听鳥獸聲音群隻或風
從何方來或遇雷震聲响動凡聲在于何处但遇一門
一見怪異等事俱可為吉凶之兆或听人言語凡字凡聲
如遇一字一物一点一聲一鳥獸為子時二為丑時三為寅
時四為卯時以至十二時如數十三又自子至亥餘一時又作

子時餘二時又作丑也甲子己卯日遁起甲子時若有十三數
數第二次為丙子時數多皆逢子時三四五次當為
戊子庚子壬子之類是也數多用五子盡再用乙丑己
丑丁丑辛丑癸丑也此千時萬時皆倣此也此時若定
以當時符使飛佈遁演九星八門詳諸遁局及
大運日時一切日時前後書可知矣

與釋九星休囚一章

若欲遠行出門者皆從吉門方向呼其星之名而出
行六十步左向太陰中大吉五陽時宜出行若吉
事從吉門凶事從凶門若生門宜見貴人驚門宜
擒捕是也

釋四時所利

春夏之節殺氣潛藏居下陽氣在上也戰鬥對敵
利居內平野之地冬秋殺氣騰居上陽氣在下也若
對敵利居外丘陵之地蓋其殺氣也

釋亭亭白奸

亭亭者天乙貴神也背之而擊其沖大勝其法以
日將加時神后下是之

假令正月登明為將加午卯神后臨未為亭亭所在又
一法子日在巳丑日在午順行十二辰背之吉
白奸者天之奸人也合于巳亥格于寅申當合之時
背之當格之時背亭亭向白奸其法以月將加時寅
午戌上見神是白奸之位當于寅申巳亥為四孟
假令正月登明為月將加午卯即登明臨子即白奸在
亥此類推之又法寅午戌日在亥亥卯未日在辰申子辰
日在巳巳酉丑日在申背之吉

附日家八門歌訣 此篇在湖海居士述後

甲戌壬子起坎　丁辛乙卯坤休
庚申戊午震宮求　巽到癸辛酉
丙庚鼠行乾上　己癸兔走西疇
丙寅騎馬艮山頭　乙巳雞飛離九

其法一卦管三日如甲子乙丑丙寅三日于坎宮起
休門丁卯戊辰己巳三日于坤宮起休門只依九
宮次序去中五不用符休門既定然後從八卦
空方位也 又照冬夏二至分順逆以用之方無舛錯此
祕訣也諸書不載今錄出備用